Mademoiselle

2e édition

À Marie-Ève

Catalogage avant publication de la Bibliothèque nationale du Canada

Dubé, Pierrette, 1952-

Mademoiselle Gertrude

2e éd.
(Le raton laveur)
Éd. originale: c1989.
Pour enfants de 3 à 8 ans.

ISBN 2-920660-94-2

I. St-Aubin, Bruno. II. Titre. III. Collection: Raton laveur (Mont-Royal, Québec).

PS8557.U232M33 2003 jC843'.54 C2003-940144-8
PS9557.U232M33 2003
PZ23.D82Ma 2003

Nous reconnaissons l'aide financière du gouvernement du Canada par l'entremise du Programme d'aide au développement de l'industrie de l'édition (PADIÉ) pour nos activités d'édition.

Conseil des Arts du Canada **Canada Council for the Arts**

Éditions Banjo remercie le Conseil des Arts du Canada du soutien accordé à son programme d'édition dans le cadre du programme des subventions globales aux éditeurs.

Cet ouvrage a été publié avec le soutien de la SODEC.

Gouvernement du Québec – Programme de crédit d'impôt pour l'édition de livres – Gestion SODEC.

Dépôt légal – Bibliothèque nationale du Québec, 2003
Bibliothèque nationale du Canada, 2003
ISBN 2-920660-**94**-2

233, av. Dunbar, bureau 300
Mont-Royal (Québec)
Canada H3P 2H4
Téléphone: (514) 738-9818 / 1-888-738-9818
Télécopieur: (514) 738-5838 / 1-888-273-5247

Imprimé au Canada

Mademoiselle Gertrude

2e édition

Texte :
Pierrette Dubé

Illustrations :
Bruno St-Aubin

Le Raton Laveur

Il était une fois une girafe originale
qui habitait un zoo on ne peut plus banal.
Elle s'appelait Gertrude.
Oh ! pardon ! Mademoiselle Gertrude.
Car elle était très respectée de tous.
Elle savait faire tant de choses,
Mademoiselle Gertrude !
Boire du thé sans se brûler,
nouer seule ses lacets de souliers
et sauter sur un pied.
Elle savait lire l'heure,
compter sans faire d'erreurs
et dessiner des cœurs.
Elle aimait les pissenlits,
la poésie et les biscuits.
Et surtout, surtout,
Mademoiselle Gertrude,
du haut de son long cou,
pouvait voir au loin.
Ce qui n'était pas
un mince privilège.

« Dis-nous, Gertrude,
que vois-tu au loin ? »
lui demandaient inlassablement
les animaux.
Et Gertrude racontait, racontait :
les rues, les maisons et la ville.

Mais c'était assez regardé,
assez raconté.
Un jour où le gardien
avait oublié
de verrouiller la barrière,
elle décida de partir à l'aventure.

Elle mit son chapeau à fleurs
et fit son baluchon.
Elle y rangea ses lunettes de soleil,
son réveille-matin,
sa brosse à dents
et une carte routière.
Elle prit aussi
son parapluie à pois,
car on ne sait jamais
le temps qu'il fera,
et elle se mit en route.

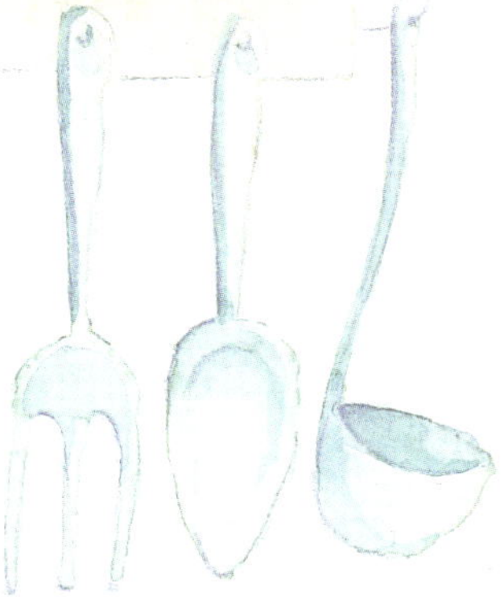

Sitôt sortie du zoo,
Mademoiselle Gertrude
fit quelques emplettes.
Elle acheta d'abord une boussole,
qu'elle enfouit dans son baluchon.
Elle choisit ensuite
une petite tente pliante,
qu'elle glissa sous son bras,
avec son parapluie à pois.
Puis un chaudron en forme de cœur,
qu'elle posa sur sa tête,
sous son joli chapeau à fleurs.
Ne lui manquait plus que des allumettes.
Où allait-elle les mettre ?
Dans la poche de sa salopette !
Ça y est, elle était prête !
Le voyage pouvait commencer.

Mademoiselle Gertrude
traversa la ville
et fut fort étonnée.
Mais où allaient
tous ces gens si pressés ?
Et toutes ces autos
qui ne vous laissent pas passer ?
Quelle fumée !
On ne peut plus respirer !
Un gros monsieur tout rouge,
dans une petite voiture toute bleue,
faillit la renverser.
« On aura tout vu ! s'écria-t-il.
Une girafe en pleine rue !
Une girafe en salopette,
saperlipopette ! »

Mademoiselle Gertrude s'enfuit à toute vitesse.
Elle courut jusqu'à ce que la ville
soit loin derrière elle.

À la croisée de deux chemins,
un panneau indiquait :
« Par-ci-par-là, 50 kilomètres ».
Mademoiselle Gertrude décida
de prendre cette direction.

Elle était jolie, la route
qui menait à Par-ci-par-là.
Bordée de champs cultivés
et d'herbes folles dans les fossés.

Mademoiselle Gertrude marcha
toute la journée.
Elle vit des vaches et des cochons,
des chevaux et des moutons.
Le soir, elle s'endormit au son
des grenouilles et des grillons.
Ses yeux n'étaient pas assez grands pour tout voir.
Ses oreilles n'étaient pas assez grandes pour tout entendre.

Le lendemain,
Mademoiselle Gertrude arriva à destination.
Il n'y avait personne à Par-ci-par-là.
Rien qu'un filet d'eau,
qui ne se prenait pas pour un ruisseau.
Rien qu'une colline,
qui ne se prenait pas pour une montagne.
Rien qu'un sentier,
qui ne se prenait pas pour un chemin.
Rien que l'ombre des arbres
et la douceur du vent.
Mademoiselle Gertrude s'y trouva si bien
qu'elle décida de s'y installer.

Elle construisit, sur la colline,
une maison aux couleurs de l'arc-en-ciel.
Il lui fallut du temps pour la peindre,
car il ne fallait pas mélanger
le violet et l'indigo,
le bleu et le vert,
l'orangé et le rouge.

Le long du sentier un peu fou,
plein de bosses et de trous,
elle planta des fleurs.
Toutes sortes de fleurs,
de toutes les couleurs.
Un peu par-ci, un peu par-là,
jamais alignées comme des soldats.
Des roses distinguées,
des pissenlits effrontés
et des marguerites ébouriffées.

Mademoiselle Gertrude était libre
et vivait en paix.
Un mois passa.
Puis deux, puis trois.
Elle était bien
dans sa drôle de maison.
Elle avait tant à découvrir !
Pas un instant elle ne s'ennuya.

Quand vint l'hiver,
Mademoiselle Gertrude
fit une girafe de neige.
Elle lui prêta
son chapeau à fleurs
et son parapluie à pois.
Elle décida qu'elle s'appellerait
Alexandra.

Alexandra souriait toujours,
mais ne parlait jamais.
C'était une bonne amie,
mais on ne pouvait pas
l'inviter à entrer chez soi.
Alors elle restait là,
Alexandra,
debout au grand froid.

Au printemps,
Alexandra fondit.
Mademoiselle Gertrude
perdit son amie.
Et soudain,
elle se sentit bien seule.
Jamais personne n'empruntait
le petit sentier fou,
plein de bosses et de trous.
Lorsqu'elle faisait du thé,
personne pour y goûter.
Lorsqu'elle mettait son chapeau,
personne pour lui dire
qu'il était beau.
Personne avec qui jouer
au ballon ou aux dominos.
Personne à qui donner
de gros baisers sucrés.
Personne à taquiner.
Personne à aimer.

Mademoiselle Gertrude décida alors
d'aller chercher tous ses amis du zoo.
Elle posa sur sa tête
son chaudron en forme de cœur,
et dessus, son chapeau à fleurs.
Dans son baluchon,
elle emporta ses lunettes de soleil,
son réveille-matin,
sa brosse à dents,
une carte routière
et sa boussole.
Sans oublier ses allumettes,
dans la poche de sa salopette.
Elle prit aussi son parapluie à pois,
car on ne sait jamais le temps qu'il fera,
et sa tente pliante sous son bras.

Elle marcha
toute la journée.
D'abord dans de paisibles
chemins de campagne,
puis de nouveau
dans les rues de la ville.
Le lendemain,
elle arriva au zoo.

Dans la salle de contrôle,
Mademoiselle Gertrude trouva
le gardien endormi.
Mais parmi tous ces boutons,
toutes ces manettes,
comment s'y retrouver ?

Elle aperçut enfin,
dans un coin,
tout en haut du tableau,
le bouton qu'elle cherchait :
OUVRIR TOUTES LES PORTES.

Ce fut alors
un beau remue-ménage
par tout le zoo.
Le gardien, réveillé,
courait de tous côtés.
Les animaux se bousculaient :
c'était à qui sortirait le premier.
Mademoiselle Gertrude
allait de l'un à l'autre,
leur parlant de Par-ci-par-là.
Du filet d'eau,
qui ne se prenait pas
pour un ruisseau.
Du sentier,
qui ne se prenait pas
pour un chemin.
De la colline,
qui ne se prenait pas
pour une montagne.
Et les invitait
à venir s'y installer.

Tous les animaux la suivirent,
à la queue leu leu.
Tous les animaux,
petits et gros.
Ce fut une parade
dans les rues de la ville !
Ah ! mais quelle parade !
On en parle encore !

À Par-ci-par-là,
chacun se mit au travail.
Et bientôt, comme des champignons,
poussèrent d'autres maisons.
Tout autour de la drôle de maison
de Mademoiselle Gertrude.

Des maisons de toutes les couleurs,
des maisons de toutes les formes.
Toutes plus farfelues
les unes que les autres.
Mais aucune ne ressemblait à une cage.

Ainsi naquit « Par-ci-par-là,
le village où les animaux sont rois ».
Peut-être un jour
passerez-vous près de là.
Alors n'oubliez pas d'emprunter
le petit sentier fou,
plein de bosses et de trous.
Mademoiselle Gertrude vous attend,
tout au bout.